NOTICE NÉCROLOGIQUE

SUR LE BARON

A.-S.-N.-P.-F.

DE JANKOVITZ DE JEZENICZE,

ANCIEN DÉPUTÉ

ET ANCIEN PRÉFET (PAR INTÉRIM) DE LA MEURTHE.

IMPRIMÉ PAR PLON FRÈRES,
Rue de Vaugirard, 36.

LE BARON DE JANKOVITZ DE JEZENICZE

Le Nécrologe universel du XIXᵉ Siècle.

NOTICE NÉCROLOGIQUE

SUR LE BARON

ANTOINE-STANISLAS-NICOLAS-PIERRE-FOURRIER,

DE JANKOVITZ DE JEZENICZE,

ANCIEN DÉPUTÉ

et ancien Préfet (par intérim) de la Meurthe,

ANCIEN PRÉSIDENT DU CONSEIL GÉNÉRAL DE CE DÉPARTEMENT,
CHEVALIER DE L'ORDRE ROYAL DE LA LÉGION-D'HONNEUR, ETC., ETC.,

MORT A VERSAILLES (SEINE-ET-OISE),
LE 6 JUIN 1847;

PAR

LE BARON RAOUL DE JONQUIÈRES.

EXTRAIT

DU NÉCROLOGE UNIVERSEL DU XIXᵉ SIÈCLE,

REVUE GÉNÉRALE NÉCROLOGIQUE ET BIOGRAPHIQUE,
Rue Cassette, 8, faubourg Saint-Germain.

E. SAINT-MAURICE CABANY,
Directeur et Rédacteur en chef.

PARIS, 1847.

NOTICE NÉCROLOGIQUE

SUR LE BARON

A.-S.-N.-P.-F.

DE JANKOVITZ DE JEZENICZE,

ANCIEN DÉPUTÉ

ET ANCIEN PRÉFET (PAR INTÉRIM) DE LA MEURTHE,

ANCIEN PRÉSIDENT DU CONSEIL GÉNÉRAL DE CE DÉPARTEMENT,
CHEVALIER DE L'ORDRE ROYAL DE LA LÉGION - D'HONNEUR, ETC., ETC.;

**Mort à Versailles (Seine-et-Oise),
le 6 juin 1847.**

L E département de la Meurthe vient de déplorer récemment la perte d'un de ces rares citoyens, qui vouent toute leur existence au service de leur pays. C'est un devoir pour le *Nécrologe universel* de jeter quelques fleurs sur la tombe d'un homme de bien, de consacrer quelques pages à la mémoire d'un des plus dévoués défenseurs de la cause de la légitimité. Puissions-nous ne pas rester trop au-dessous de la tâche qu'il nous est donné d'accomplir, en racontant la vie de M. le baron de Jankovitz de Jezenicze!

Descendant d'une famille d'ancienne noblesse de Hongrie, qui avait été entraînée en Pologne par la révolution de Ragotzki , Antoine-Stanislas–Nicolas-Pierre-Fourrier de Jankovitz de Jezenicze naquit à Lunéville (Lorraine), en 1763. Son père, Joseph de Jankovitz, fils de François de Jankovitz, était contrôleur général de la maison de Stanislas, ancien roi de Pologne, et il reçut souvent, du monarque exilé, des missions diplomatiques qui témoignaient de la confiance que l'on avait en lui. Sa mère, Anne de Krotonska, fille de M. de Krotonsky, secrétaire du petit sceau de la couronne et pannetier du roi, tenait également à l'une des familles les plus distinguées de la Pologne. Honoré de l'auguste patronage de son souverain, l'enfant fut tenu sur les fonts baptismaux, à Lunéville, par le roi Stanislas et par la princesse Osolinska.

Le jeune Stanislas de Jankovitz se fit remarquer de bonne heure par la supériorité de son esprit et l'élévation de ses sentiments. La considération qu'il s'était acquise, ainsi que ses nobles qualités personnelles, déterminèrent, en 1792, madame Falconet, belle-fille du célèbre statuaire Étienne Falconet, à lui donner la main de sa fille unique.

M. de Jankovitz de Jezenicze, propriétaire de biens considérables dans le département de la Meurthe, y jouissait de la plus honorable popularité, lorsque la France fut envahie, en 1814, par les armées étrangères. Il remplissait à cette époque les fonctions de membre du Conseil général du département.

Dans ces circonstances malheureuses, les autorités locales firent choix de M. de Jankovitz pour l'envoyer réclamer à Paris le dégrèvement de la contribution de guerre qui avait été imposée, au département de la Meurthe, par les puissances alliées. Il fut assez heureux pour obtenir de l'empereur Alexandre, auprès duquel les noms de Jankovitz et de Falconet étaient une puissante recommandation, la diminution de la plus grande partie de cette contribution fixée d'abord à deux millions de francs, et qui fut, peu de temps après, complétement éteinte par l'intermédiaire du ministère français.

A la suite de cette heureuse négociation, le ministre de l'Intérieur désigna M. de Jankovitz pour remplir par *interim* les fonctions de préfet du département de la Meurthe, en lui donnant la délicate mission de rétablir les autorités légales , de préparer les nouvelles élections et de coordonner les divers services administratifs. Dans cette occasion , comme dans tous les autres actes de sa vie, cet homme distingué montra le même désintéressement en refusant toute espèce d'indemnité pour les services qu'il rendait au pays.

L'usage généreux que M. de Jankovitz fit toujours de sa fortune , ainsi que son intelligence des besoins et des vœux de la contrée en particulier et de la France en général , fixèrent sur lui le choix de ses concitoyens qui, en 1845 , au second retour du Roi, lui donnèrent une preuve éclatante d'estime et d'affection , en le choisissant pour leur représentant à la Chambre.

La France était alors en proie à l'invasion étrangère et déchirée par les discordes civiles. Dans ces tristes et critiques conjonctures , l'honorable député de la Meurthe, ami de l'ordre et des lois , vota pour toutes les mesures propres à améliorer l'administration générale, à apaiser les passions politiques si vivement excitées , à raffermir, sur la nouvelle base des institutions représentatives, la vieille monarchie qui, à ses yeux, ne pouvait avoir de durée que dans l'hérédité ; enfin, à diriger les esprits vers les arts, l'agriculture et tous les travaux de la paix. Nommé membre de la Commission chargée de l'examen du projet de loi relatif à la formation des compagnies départementales, il prononça des discours fort remarquables sur la composition et l'organisation des Colléges électoraux, sur les fonds de dégrèvement, sur le droit de port d'armes, et développa une proposition tendant à admettre dans les Colléges électoraux les fermiers de toute propriété évaluée à 300 fr. de contributions.

Après la dissolution de cette législature, M. de Jankovitz rentra dans la vie privée. Sa Majesté le roi Louis XVIII, satisfait de ses services et de son dévouement, lui accorda le titre de baron, à la charge d'ériger un majorat, qui fut en effet constitué en 1814 sur la terre de Marimont, département de la Meurthe, acquise par madame Falconet en 1791 de M. le duc de Richelieu. Ce majorat devait être reversible sur la tête de son fils, qui lui fut plus tard si cruellement enlevé. Le 1er mai 1824 M. de Jankovitz fut nommé chevalier de l'Ordre royal de la Légion-d'Honneur, à l'occasion du baptême de monseigneur le duc de Bordeaux.

Appelé de nouveau, en 1820, à siéger à la Chambre des députés, M. le baron de Jankovitz reprit ses fonctions législatives, qu'il devait continuer sans interruption jusqu'à la chute de la branche aînée des Bourbons. Dans le cours de cette session, il prit part à la discussion du budget des ponts et chaussées et des contributions indirectes, fit partie de plusieurs Commissions et s'acquit une grande influence parmi ses collègues.

Réélu en 1824 par le Collége de Château-Salins, le baron de Jankovitz lut, en comité secret, dès son début à la Chambre, une proposition ayant pour objet de soumettre à la réélection les députés appelés à des fonctions amovibles. Il était le premier qui fixât l'attention de ses collègues sur un sujet aussi digne de les occuper. Prise en considération d'abord, cette proposition fut ensuite rejetée, il est vrai, mais l'on sait qu'elle est entrée plus tard dans notre législation. C'est donc à M. de Jankovitz qu'il faut reporter l'honneur d'avoir préparé les esprits à l'adoption d'une innovation qui, malheureusement, au milieu du désordre moral qui caractérise notre époque, n'a pas porté tous les fruits qu'il était permis d'en attendre. Désigné par un grand nombre de suffrages comme candidat à la présidence

et successivement à la vice-présidence de la Chambre,
il apporta, dans la discussion de plusieurs questions
importántes, le tribut de ses laborieuses méditations,
et notamment dans celles du projet de loi concernant
divers baux emphitéotiques du budget du ministère
de l'Intérieur et du budget de la Guerre ; il fit souvent
prévaloir ses judicieux avis dans les Commissions aux
travaux desquelles il concourut, et spécialement dans
celles chargées d'examiner les projets de loi sur la
mise en régie des salines de l'Est, sur les baux emphitéotiques et sur l'imposition extraordinaire du département du Lot.

En 1827, le baron de Jankovitz fut réélu par le
Collége de Château-Salins, mais son admission à la
Chambre donna lieu à de vifs débats dans le sein de
l'assemblée, par suite d'une pétition revêtue de qua-
torze signatures, dans laquelle on attaquait les opéra-
tions du bureau électoral et les droits de cinq électeurs. La Chambre tout entière, par l'organe de son
rapporteur (1), s'empressa de reconnaître la bonne foi

(1) M. Agier, rapporteur, s'exprimait ainsi, au sujet de M. de Jankovitz, dans son rapport à la Chambre des députés :

« S'il s'agissait de considérer la personne du candidat élu, il
n'est aucun de vous ici, il n'est aucun de mes anciens et honorables
collègues, aucun de mes anciens amis qui ne proclamât que la

de l'élection tout en prononçant l'ajournement de l'admission (1), et sur un nouveau rapport l'admission fut prononcée à une grande majorité, à la séance du 17 mars 1828. Peu après M. de Jankovitz fut nommé membre de la Commission chargée d'examiner la proposition tendant à soumettre à la réélection tout député à qui il serait conféré une place rétribuée.

Président, depuis quelques années, du Conseil général du département de la Meurthe, le baron de Jankovitz eut l'honneur, en 1828, de présenter, au roi

question est décidée, en songeant à cette loyauté parfaite, à cette élévation d'indépendance dont notre honorable collègue, M. de Jankovitz, nous a donné un noble et touchant exemple pendant les quatre années que nous avons voté ensemble. »

(1) Le baron de Jankovitz, au sujet de l'ajournement de son admission, prononcé par la Chambre, écrivit la lettre suivante aux électeurs de Château-Salins ; le noble caractère de son auteur s'y peint tout entier :

« Nommé président du Collége électoral de Château-Salins, mon respect pour le roi m'a prescrit d'accepter des fonctions que j'avais déjà remplies trois fois. Appelé pour la quatrième fois à la députation de la Meurthe par de fidèles défenseurs de la monarchie et des libertés publiques, j'ai cru de mon devoir, en un temps difficile, de déférer au vote d'une majorité que je n'avais ni sollicité ni brigué. Je réclame une décision prompte, afin que l'arrondissement qui m'a fait l'honneur de m'élire ne reste pas longtemps sans être représenté. En faisant cette déclaration, je renouvelle à messieurs les électeurs de ce Collége l'hommage de mon respect et de mon dévouement. »

(Note de l'auteur.)

Charles X et à S. A. R. madame la Dauphine, les membres de ce Conseil.

Dans le courant de la dernière session législative à laquelle il devait participer, M. de Jankovitz ajouta encore à sa noble réputation, et tous ses votes furent empreints de cet esprit de sagesse et de prévoyance qui voulait que toutes les innovations utiles fussent adoptées, que toutes les industries fécondes, toutes les forces intellectuelles, fussent protégées et développées, mais aussi que les ambitions factieuses et une turbulente cupidité fussent flétries et réprouvées. Dévoué à ce gouvernement monarchique, que la tempête révolutionnaire devait encore, hélas! bientôt frapper, et qui, dans la pensée de l'honorable représentant, était le premier besoin des Français, il attachait la plus grande importance à conserver sans altération le principe des anciennes institutions nationales, car il se rappelait que la chute de l'autorité royale avait autrefois entraîné celle de la liberté, et que notre pays avait dû ensuite subir, tour à tour, les terribles et sanglantes étreintes du despotisme populaire et le pouvoir ombrageux d'un nouveau César.

Avec de semblables opinions l'on ne s'étonnera point

que M. le baron de Jankovitz ait cessé ses fonctions législatives lors de la dissolution de la Chambre en 1830.
Un événement affreux, la mort de son fils unique, enlevé à ses parents le 22 du mois de janvier de cette
année doublement malheureuse, était d'ailleurs venu
foudroyer cette noble famille, qui jusque-là avait joui
en paix de tous les biens qui honorent et embellissent
l'existence (1). Frappés au cœur par la perte doulou-
reuse de ce jeune homme, unique espoir de leur vieil-
lesse, le baron et la baronne de Jankovitz reçurent, au
sujet de cette mort, les compliments de condoléance
de S. M. Charles X et de toute la famille royale
qui honorèrent de leurs regrets et de leurs larmes

(1) Anselme-Stanislas-Firmin-Léon de Jankovitz, jeune homme
de la plus haute espérance, faisait justement la joie et l'orgueil de
ses parents. Officier de louveterie, il eut, dans une chasse aux loups,
le genou fracassé par une balle, son fusil étant parti inopinément au
moment où il remontait à cheval, et il mourut quelques jours après,
des suites de cette blessure, laissant son père et sa mère livrés aux
angoisses du plus cruel désespoir, et dans le département de la
Meurthe, où sa bonté, son inépuisable charité, son caractère généreux et chevaleresque l'avaient fait adorer, un souvenir tel que
dix huit ans d'intervalle ne l'ont pas encore effacé. Il y a cinq
mois, quand on transporta ses restes du cimetière de Bourdonnay au
caveau de famille, la population entière, abandonnant ses travaux
et oubliant les besoins d'une année calamiteuse, se pressait en masse
sur le passage du convoi pour jeter sur son cercueil des fleurs et des
couronnes, ne pensant pas devoir remplir sitôt le même office funè-
bre et pieux sur la dépouille mortelle du père de cet enfant si regretté.

(Note de l'auteur.)

la mémoire d'un jeune sujet qui leur était tout dévoué.

A partir de ce moment, M. de Jankovitz se retira entièrement des affaires publiques.

Quelques mois après, le trône de Charles X était emporté par le tourbillon révolutionnaire, et la famille des Bourbons partait pour son troisième exil. Ce fut un coup bien sensible pour l'âme du vieux serviteur de la monarchie légitime. Cette nouvelle épreuve n'abattit pas toutefois le courage du baron de Jankovitz, et il sut y opposer cette résignation qu'inspirent le sentiment d'avoir toujours accompli ses devoirs d'homme privé et d'homme public, et la constante pratique de toutes les vertus chrétiennes.

Cependant la mort de son fils avait plongé le baron de Jankovitz dans un morne désespoir, que le temps ne put jamais effacer, ni même adoucir. Soucieux de laisser l'héritage de sa bienfaisance à la contrée dont son cher enfant avait été adoré, il accueillit près de lui, à son retour d'un voyage de plusieurs années, entrepris pour distraire sa douleur, un jeune homme du même nom et de la même famille, établie en Hongrie, dont le père, M. Vincent de Jankovitz de Jezenicze, filleul du baron de Jankovitz, habite une terre de famille à Galaboth, près de Pesth.

En unissant récemment son fils adoptif à une des familles les plus honorables de la Franche-Comté, à la famille de M. le marquis de Vaulchier, le baron de Jankovitz, avant de fermer les yeux pour jamais, a espéré laisser à sa veuve, sinon une consolation impossible, au moins un appui et un intérêt dans la vie. Nous avons l'espoir, fondé sur son éducation et ses qualités distinguées, autant qu'estimables, que ce jeune homme, représentant actuel d'un si beau nom, marchera dans la voie si dignement parcourue par ses prédécesseurs, et en particulier par l'homme distingué auquel nous venons de consacrer cet article.

Baron RAOUL DE JONQUIÈRES.

DESCRIPTION DES ARMOIRIES DE LA MAISON DE JANKOVITZ DE JEZENICZE.

D'argent, au lion de gueules debout, tenant une couronne de laurier dans ses pattes.

Supports : deux lions.

L'écu timbré d'un casque avec ses lambrequins, surmonté d'une couronne de marquis, sur laquelle est posée une colombe, tenant dans son bec une branche d'olivier.

Devise : BELLO ET PACE.

* 9 7 8 2 0 1 1 7 8 4 0 4 9 *